AF331257

40
16
2368

Lb⁴ᵒ 2368

ADRESSE

D'UNE PARTIE

DES ELECTEURS DE PARIS,

RÉUNIS EN CLUB A L'ÉVÊCHÉ :

A LEURS CONCITOYENS.

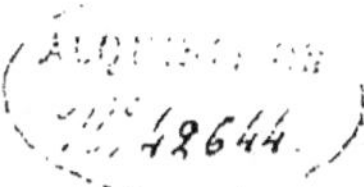

M ESSIEURS,

PLUS nous avons senti l'importance des fonctions honorables que vous nous avez confiées, plus nous sommes intéressés à nous rendre compte de notre conduite.

La constitution est achevée, tous les pouvoirs sont organisés. le peuple, pour être heureux, ne doit avoir besoin que d'obéir à des lois faites par ses représentans ; le roi lui-même, d'abord étonné de ces principes éternels, garants des droits et de la prospérité des nations, en a reconnu la justice ; revêtu

A

d'un pouvoir imposant, par une constitution libre que vingt-cinq millions de Français ont juré de maintenir, il n'ignore pas que toute atteinte portée à cette constitution est un crime; il est donc personnellement intéressé à sa conservation, à son intégrité et ceux de ses agens, qui pour l'intérêt d'un orgueil mal entendu, sous le prétexte *de besoin d'ordre*, cherchent à exagérer son autorité, trahissent à-la-fois la nation et le roi. Nous savons que les temps de trouble et d'anarchie sont un fléau; quelques convulsions politiques, inséparables de la régénération d'un empire que plusieurs siècles d'oppression avoient soustraits à tous les principes de justice distributive ont été salutaires, mais le règne de la loi les a fait disparoître. Pourquoi ne sommes nous pas heureux? c'est qu'ils nous reste l'agitation de l'intrigue, c'est parce que les mouvemens sourds de la corruption ont pris la place des élans de la liberté, c'est enfin parce que le corps politique à peine formé, s'est trouvé gangrené. Le 14 juillet 1789, nous étions tous frères égaux en droits, foulans aux pieds les préjugés abattus. *La vertu*, seule perçant les ténèbres, se trouva *constitutionnelle*, mais l'art de distinguer l'homme vertueux, est encore un secret pour le grand nombre; et tant que cet art restera inconnu, la France, livrée à toutes les manœuvres de l'hypocrisie, à toutes les oscillations des fausses opinions, ne sera qu'un cahos.

Le peuple en masse sent le besoin d'un bon gouvernement ; mais ignorant les détails qui en font l'essence , se laisse conduire insensiblement et sans s'en douter vers le *despotisme* , parce que réduisant ses calculs à des intérêts personnels , il se croit *bien* si la paix règne dans son ménage ; naturellement amoureux du ropos , l'homme se concentre aisément dans une sorte d'égoïsme , les maux d'autrui ne le frappent guères , les injustices de l'avarice, les cruautés même de la tyrannie , sont à peine senties de la société lorsqu'elles n'ont que des individus pour objet ; ce n'est que par un pénible effort que secouant des chaînes trop pesantes et sortant enfin d'une létargie mortelle , le peuple fatigué de longues oppressions se lève et confond les despotes ; mais bientôt il est forcé de rentrer dans le cercle de ses affaires particulières ; alors ceux qui ont frémi à son aspect , reviennent en le flattant capter sa confiance. A peine l'ont-ils obtenue , qu'ils se coalisent avec les agens du pouvoir exécutif, avec ceux que la constitution a mis à la nomination du roi , et qui ne sont ordinairement choisis que parmi les hommes les plus opposés à la révolution. Dès-lors , plus d'esprit public , plus de garantie contre le despotisme. Tout ce qui aime les lois conservatrices de la liberté , passe pour factieux , est signalé pour le moment des vengeances. Les pouvoirs qui doivent se surveiller se confondent , inspirent tous de la défiance , portent

A 2

le désordre dans l'administration comme dans les esprits mécontens , agitent ce peuple qu'ils ne doivent que protéger , et sous le prétexte de besoin d'ordre se disposent à l'égorger ; et voilà ce que les intriguans appellent donner la force nécessaire aux pouvoirs constitués. Voilà comme ils ont évoqué la loi martiale qui a amené la catastrophe du Champ-de-Mars , et préparé la revision de la constitution.

Telle est , Messieurs , notre situation à Paris , telle est peut-être celle de la France entière ; car presque par-tout les administrations sont inactives, et les tribunaux sont muets sur les désordres qu'excitent les ennemis de la constitution, et l'on dit que *nous sommes libres*. Ah ! dussions-nous essuyer encore de nouvelles calomnies, dût-on ajouter quelques expressions injurieuses aux désignations de *factieux*, de *sans culotte* (1), dont les intriguans honorent *les patriotes*, dussions nous même essuyer des persécutions, nous ne pouvons nous dispenser d'imprimer le cachet de la vérité sur le front des pervers.

Nous l'avons dit, et nous aimons à le répéter

---

(1) Expression dont M. d'André osoit avec impudence qualifier , dans le sein même de l'assemblée nationale , les Péthion, Robespierre , et tous les patriotes.

avec faste , nous avons juré d'obéir à la loi et nous tiendrons notre serment.

Mais , *la loi ne peut être que l'expression de la volonté générale. . . . La loi n'a le droit de défendre que les actions nuisibles à la société.* Enfin , *la loi ne doit établir que des peines strictement et évidemment nécessaires.*

Tels sont les principes consignés dans la déclaration des droits , telles sont les bases immuables de notre liberté.

Tel est le dépôt précieux que l'assemblée constituante a remis à la fidélité du corps législatif , du roi, et des juges ; à la vigilance des pères de famille , aux épouses et aux mères , à l'affection des jeunes citoyens , au courage de tous les Français. Or, qui seroit le garant de ces droits , si les agens des pouvoirs constitués, si nos mandataires étoient corrompus , si des intérêts particuliers, et qu'on n'oseroit avouer, étouffoient l'intérêt général ; si des administrateurs prévaricateurs , d'intelligence avec des ministres intriguans et perfides , se partageoient un pouvoir absolu contre l'intérêt public, le principe de la loi , le vœu des citoyens qu'ils n'auroient trompé que pour les trahir ?

L'insurrection est - elle une ressource que fasse

fleurir les empires, qui rende heureux les hommes ? Ah ! non sans doute, et c'est parce que nous en abhorrons les effets, que nous voulons la paix. Plus que nos ennemis, nous voulons l'ordre et l'harmonie des institutions. Plus qu'eux, nous voulons qu'on respecte les loix, et sur-tout les principes. Oui, nous voulons la paix, mais nous voulons la sérénité des hommes libres, et non le silence morne des tombeaux.

Citoyens, c'est maintenant dans nos mains que repose votre sureté, votre bonheur; car, c'est du choix de vos administrateurs que dépend l'ordre, la tranquillité publique, et ce respect profond pour les lois que le peuple adore, quand il en estime ses dépositaires. Vous nous avez donné une grande marque de confiance, en nous déléguant vos pouvoirs : vous nous avez imposé des devoirs rigoureux, nous vous le déclarons, nous n'avons pas pu les remplir.

Témoins passifs des opérations d'une coalition formée, égarée par des hommes ministériels et perfides, qui s'est écarté de nous, qui redoutoit la lumière, l'ensemble des opinions, qui accaparoit les suffrages au mépris de la loi du serment; chaque jour nous indiquoit, sous la forme légale d'une manière impérieuse, l'effet de cette réunion.

Voilà, Français, comme on exerce nos droits de représentation aux élections, votre souveraineté.

Nous vous en instruisons , parce que notre cœur est pur et que nous ne voulons pas passer pour complices du mépris de nos fonctions et de la violation de votre confiance. Nous ne partageons pas les principes de quelques hommes corrompus, qui osent appeler le témoignage de leur conscience des choix mendiés , indiqués par des intriguans vendus au ministère.

On nous dira que la société des électeurs de l'Evêché étoit une école de calomnie ; que , sous le prétexte de s'éclairer sur les choix à faire , on y ternissoit les réputations les plus affermies , déshonoroit les familles ; que l'on ne vouloit porter aux places que des factieux , des têtes exaltées, capables de renverser la constitution. (Effectivement Brissot l'a emporté sur le *patriote* Dufresne.) La patrie étoit en péril ; il falloit s'opposer à de si dangereux choix , fuir des enragés , ennemis de toutes convenances, et former un autre club sous l'influence de la modération.

Ah! le beau titre que celui de modéré ; ce masque va à tant de visages , et cache tant de vices.

Le club de la Sainte-Chapelle fut bientôt formé de la majorité du corps électoral. Là , les honnêtes gens peuvent se montrer ; on n'y dit du mal d'aucun des candidats ; il suffit d'avoir eu , dans la révolution , un caractère équivoque , quelques relations avec la cour , un état de maison pour y obtenir des éloges , et le lendemain deux cents suffrages : sans doute il est bien plus commode de passer par cette large filière que de subir l'examen rebutant de ces *popula-ciers* qui ne veulent que des vertus et des vertus éprouvées.

Mais vous, nos concitoyens et nos juges, avez-vous eu l'intention que vos délégués fissent ainsi vos affaires ? Permettez-nous une seule réflexion. Le roi a ses pouvoirs bien distincts de ceux de vos représentans ; ces pouvoirs doivent *se surveiller* sans cesse pour le bien de tous : si l'un est vendu à l'autre , que reste-t-il ? Un despotisme absurde sous des formes populaires : pour arriver là , ce n'étoit pas la peine de détruire la Bastille.

Nous venons de nous acquitter d'un devoir pénible , en vous rendant compte de l'insuffisance de nos efforts , quoiqu'ils aient été cependant couronnés de quelques succès. Le seul bien que nous puissions faire maintenant, est de vous prémunir pour l'avenir contre les dangers de l'insouciance et de l'hypocrisie.

Pourquoi tant réclamer contre la rigueur d'une loi qui a séparé les citoyens en deux classes ; quand, sur plus de cent mille citoyens actifs existans dans **Paris**, à peine un dixième se montre aux élections. Le temps est passé où le peuple assemblé, confirmoit la loi en frappant sur son bouclier ; et puisque la constitution veut que nous ne puissions y concourir que par des représentans délégués par nous, pourquoi cette lâcheté qui, dans une crise aussi importante, vous fait déserter les sections, abandonner vos droits les plus sacrés à ces oisifs d'habitude qui se coalisent entr'eux ?

Vous désirez de bonnes lois, des agens qui en soient fidèles dépositaires ; vous savez que votre fortune, votre bonheur dépendent de leur choix, il est entier dans vos mains, et vous n'êtes pas jaloux d'exercer cet acte de votre souveraineté. De là dérivent tous nos maux, ce n'est qu'en vous pénétrant de l'esprit public, si nécessaire à tous les hommes qui chérissent la liberté ; ce n'est qu'en assistant fidèlement aux assemblées primaires, en y observant les caractères et les convenances politiques de ceux qui se mettront sur les rangs, que vous déjoûrez l'intrigue, cette lime sourde de notre constitution.

C'est beaucoup, sans-doute, que vos premiers choix soient purs, mais ce n'est pas tout ; la corruption est un hydre à cent têtes, il ne faut pas se lasser de les abattre.

La loi vous autorise à donner *des instructions* à vos mandataires : ordonnez-leur d'exécuter rigoureusement les formes prescrites par la loi, de ne pas consommer en vaines formalités le temps précieux des citoyens, et d'être, en conséquence, exacts aux élections. Il est honteux, que sur près de mille électeurs, à peine 400 fassent journellement leur devoir; mais il est injuste d'exiger trois mois d'assiduité, à Paris, pour des opérations qui se font en huit jours dans tout le royaume; et ne vous y trompez pas. Ces lenteurs affectées ont un but criminel. On sait que généralement les meilleurs patriotes ne sont pas les plus fortunés, qu'en les fatiguant de lenteurs, on les met dans l'impossibilité d'accepter la confiance de leurs concitoyens, ou d'y répondre aux dépens de leurs besoins journaliers, des affaires qui demandent leur présence; et on s'assure ainsi la majorité parmi ceux que le ministère a placé en sentinelle pour diriger les suffrages. Enfin, nous vous conjurons de faire prendre, à vos délégués au corps électoral, sous peine d'être à jamais privés de votre confiance, l'engagement de ne point se séparer pour la discussion des candidats, toute discussion publique est utile à la chose publique; toute coalition particulière n'est utile qu'à la chose particulière et préjudiciable à l'intérêt général.

Nous avouons que l'usage très-politique, très-sage de discuter les candidats, pour fixer sur eux l'opinion des électeurs, paroît sujet à quelques inconvéniens. En effet, nul ne peut être publiquement recherché dans sa conduite, si ce n'est de son consentement; mais aussi nul ne peut se présenter pour remplir des fonctions publiques, sans livrer à l'examen le plus sévère de ses concitoyens, ses actions et ses principes. Loin de nous ces personnages équivoques qui redoutent la lumière, c'est leur conduite passée qui doit nous répondre de l'avenir, et nos fonctions ne sont pas de choisir des législateurs sur leur visage, leur politesse, leur fortune, mais sur les mœurs qu'ils ont montré. Nous prions donc nos concitoyens, lorsqu'à l'avenir ils nommeront des électeurs, quelque discernement qu'ils y apportent, d'exiger d'eux :

1°. De se conformer strictement à la loi des élections, de s'opposer à toute formalité qui pourroit retarder les opérations, et de ne s'en absenter sous aucun prétexte.

2°. De ne jamais former de coalition séparée par sections du corps électoral, et d'assister le plus souvent possible aux discussions qui auront lieu tous les soirs dans le club électoral, sur les candidats qui seront présentés.

3°. De réclamer la publicité des séances du club

électoral , et de ne pas souffrir qu'il y soit discuté des candidats qui s'opposeroient à l'examen public de leur conduite.

4°. De ne parler aux élections qu'avec beaucoup de circonspection , des citoyens qui n'auront pas été discutés , et prouvés dignes de la confiance publique.

Quant aux officiers publics , qui sont à votre nomination , vous devez y apporter une attention encore plus scrupuleuse. Les immenses détails de police , de sûreté , d'administration confiés à vos officiers municipaux , exigent une telle pureté de principes , que vous ne devez en transmettre la charge qu'à des hommes d'une vertu éprouvée. Vous allez nommer un maire ; son intacte probité doit être le génie tutélaire d'un million de citoyens pour remplir cette place éminente ; il faut un homme qui ait de la fermeté sans arrogance , de la loyauté sans faste , du caractère à force de principes , de l'humanité sans foiblesse ; il faut aimer le peuple sans en rechercher l'idolatrie , mériter son estime et non subtiliser ses caresses ; respecter le roi , mais non le flatter , et se tenir toujours grand devant la cour , sans lui montrer ni crainte ni foiblesse ; surtout méfiez-vous de ceux qui ne caressent la liberté que pour l'étouffer. Volez à vos sections , toute affaire cessante ; votre première , votre seule affaire en ce moment, est de déjouer toute intrigue ; cherchez l'homme probe par excellence , et il fera notre bonheur à tous ; vous vous reposerez ensuite avec assurance à l'ombre de sa vigilance.

Signatures des Electeurs de la Société séante à l'Evêché.

Dubois de Crancé, électeur de la section de la Grange-Batelière. Dubail, électeur de la section du Théâtre Français. Jean Rousseau , électeur de la section de la Fontaine de Grenelle. Magnau, électeur de la section des Lombards. Deguaigné , de la section de l'Isle. Cailliez, section du Théâtre Français. Deliens. Pillieux , électeur du canton de Pierre-Fitte. Gosselin, père. Loque , section de Notre-Dame. Le Tellier, section des Quinze-Vingts. Delabarre, section de la Croix-Rouge. J. L. Gilles , section Notre-Dame. Raffron Dutrouillet, électeur de la section de la Place Royale. Berger, section du Théâtre Français. Le Fuet, électeur. Bourgoin, des quatre Nations. Mathieu, de la section des Thermes. Fréron , section du Théâtre Français. Paffe, section des Arcis. Saurin , rue Phelipeaux, n°. 36 , section des Gravilliers. Mermilliod. Brochet, de la section du Théâtre Français. Boulanger, grenadier de St.-Honoré. Delaochiis. Halm, électeur. Hymette , quatorzième électeur de la section des Gravilliers. Boucher de St.-Sauveur, du Théât. Français. J. L. Lefebvre , électeur de la section de l'Observatoire. Guinot, électeur des quatre Nations. Chesadame, électeur des quatre Nations. Mathix, section des quatre Nations. C. Sommé, électeur des quatre Nations. Roussineau, curé, section des quatre Nations. Dubois, section des quatre Nations. Joliot, électeur. Le Roi-Guillaume, de la section du Louvre. Binon, section des Lombards. Raisson, section de la Fontaine de Grenelle. Laborde, électeur. Pierre J. Duplain, du Théâtre Français. L. P. Dufourny, électeur de la section des Thermes. Chassant, électeur de la section du Louvre. Gellier, de la section de l'Oratoire. Brune, de la section du Théâtre Français. Patris, section de l'Observatoire. Mutrecy, de la section de l'Oratoire. Pothier, électeur de la section des Lombards. Gomé, section de Mauconseil. Lohier, du Théâtre Français. Coffinhal, de la section de l'Isle. François, section de l'Isle. Gomen, section de l'Isle. Bernard, section de Mauconseil. Duperron, section de la Croix-Rouge. Bourgeois. C. Roux. Montamam, électeur de la section de la Halle au blé. Le Metayer, électeur de la section de l'Oratoire. Contencin. P. G. Langlois, électeur des Gobelins. Louis Legendre, section du Luxembourg. Hadancourt, section de l'Oratoire. Lulier, section de Mauconseil. Delaplanche, section de l'Oratoire. Bertrand, section des Quinze-Vingts. Barrois, même section. Lefebvre, section de l'Arsenal. Bouillecol. Clezarsi. Osselin. Laubry, section du Théâtre Français. Guaoult, section du Luxembourg. Momoro, section du Théâtre Français. Darrimajou, de l'Observatoire. Monchet, section de l'Isle. Laffitte, section de l'Observatoire. B. M. Langier, section de la Fontaine de Grenelle. Rigaud, section des Enfans-Rouges. Crivel, section de l'Isle. Callières de l'Etang, de la sect. du Théâtre Français. Panard, électeur de la Fontaine de Grenelle. Canon, section des Thermes de Julien. Villain d'Aubigni, électeur de la section des Tuileries. Viallard, de la section des Tuileries. Billaé, électeur du canton de Châtillon. Delagirardière, de la Fontaine de Grenelle. Camel, électeur de la Fontaine de Grenelle. Leger, le jeune, section des Quinze-Vingts. Roussel, de la section des Quinze-Vingts. Menant, de la section des Quinze-Vingts. Philippe Roman, rue St.-Denis, n°. 41, section du Ponceau. Charles Villette, section de Grenelle. Godard, section du Luxembourg. Réal, section de la Halle au blé. Dufour, section des Enfans-Rouges. Spigno. Juzie, section des Quinze-Vingts. Castille, même section. Basty, section des Postes. Taboureux, section des Invalides. Julliot. Fournier, section des Invalides. Moynet, électeur de la section de Popincourt. Chiste, section de Popincourt. Charles, section des Enfans-Rouges. Escabasse, électeur de la section de l'Isle. A. Lemoine, électeur de la section des Lombards. De Bauve, électeur de la section des Lombards. Boucher René, section de la Croix-Rouge. Hu, électeur de Ste.-Geneviève. Baud, Mauconseil. Mauviel, électeur du canton de Pantin. L. Lemit, électeur de la Bibliothèque. Cally, électeur de la sec. tion de Bondy. Poullenot, électeur de la section des Lombards. Laurent, électeur de la section Notre-Dame.

BIBLIOTHEQUE NATIONALE DE FRANCE

3 7531 02752449 6

www.ingramcontent.com/pod-product-compliance
Lightning Source LLC
LaVergne TN
LVHW022249030726
842520LV00009B/1951